T0122530

«Sende dein Licht und deine Wahrheit»

TVZ

«Sende dein Licht und deine Wahrheit»

Gebete für die Arbeit in kirchlichen Behörden und Einrichtungen

T V Z   Theologischer Verlag Zürich

Herausgegeben vom Kirchenrat der Evangelisch-
reformierten Landeskirche des Kantons Zürich
Redaktion: Bruno Bader, Fachstelle Gottesdienst

Impressum

© 2008 Theologischer Verlag Zürich
Alle Rechte, auch die des auszugsweisen Nachdrucks, der fotografischen und
audiovisuellen Wiedergabe, der elektronischen Erfassung sowie der Übersetzung,
bleiben vorbehalten.

Die Deutsche Bibliothek – Bibliografische Einheitsaufnahme:
Die Deutsche Bibliothek verzeichnet diese Publikation in der Deutschen
Nationalbibliografie; detaillierte bibliografische Daten sind im Internet über
http://dnb.ddb.de abrufbar.

Gesamtgestaltung, Satz und Bilder: Simone Ackermann, Zürich
Druck: Westermann Druck Zwickau GmbH
ISBN 978-3-290-17464-4

Inhalt

Vorwort

«Das Gebet ist die Tür aus dem Gefängnis unserer Sorge», so hat es der deutsche Theologe Helmut Gollwitzer auch im Rückblick auf seine vierjährige leidvolle Kriegsgefangenschaft bekannt.

Sorgen – wer Behördensitzungen vorzubereiten, zu leiten und zu vollziehen hat, auch der hat Sorgen: Die Sorge, dass jeder zu seinem Recht kommt, die Sorge, dass Menschen gehört und gewürdigt werden, die Sorge, dass niemand verletzt wird, die Sorge, dass sachlich richtig entschieden und kommuniziert wird. Sorgen soll man ernst nehmen. Aber man darf sich nicht von ihnen beherrschen lassen. Dies geschieht dort, wo man sie vor Gott bringt. Das gemeinsame Gebet ist darum das «wichtigste Traktandum» der Behördensitzung oder der Zusammenkunft einer kirchlichen Arbeitsgruppe. Durch solches Gebet kann es geschehen, «dass ich sorgenfrei und doch sorgsam sei» (Evangelisch-reformiertes Gesangbuch der deutsprachigen Schweiz 815,3). Hier finden wir die Tür aus dem Gefängnis unserer Sorge.

Menschliches Denken, Planen und Handeln ist wichtig. Als kirchliche Mitarbeiterinnen und Mitarbeiter wissen wir, dass unsere Arbeit Einsatz, Sachverstand und menschliches Einfühlungsvermögen erfordert. Kirchliches Handeln ist anspruchsvoll. Aber überfordern soll es uns nicht. Menschliches Handeln ist vorläufig, unvollkommen und begrenzt. Im Gebet wird uns beides deutlich: unsere Verantwortung und unser Angewiesensein auf Vergebung. Auch das ein Grund, eine Sitzung mit Gebet zu beginnen.

Das vorliegende Buch enthält Gebete von biblischen Zeugen, von Reformatoren sowie von Frauen und Männern aus neuerer Zeit und aus der Gegenwart. Es soll Mitglieder von kirchlichen Behörden, Kommissionen und Arbeitsgruppen zum Gebet ermutigen und anleiten.

«Gott ist nicht ein Gott der Unordnung, sondern des Friedens», sagt der Apostel Paulus (1. Korinther 14,33). Für die Ordnung kirchlicher Arbeit sind Vorbereitung, Traktandenliste, Gesprächsführung, Vollzug, Verwaltung und Kommunikation unentbehrlich. Um Gelingen und Frieden bitten wir im Gebet, auch mit Worten aus diesem Gebetbuch.

Zürich, im Mai 2008
Ruedi Reich
Kirchenratspräsident

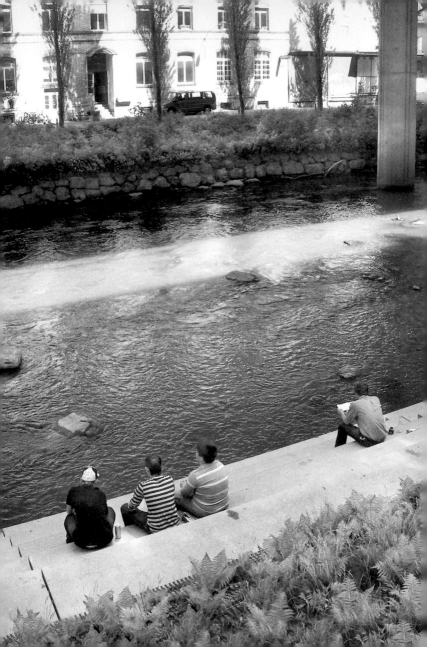

Unser Vater im Himmel.

Geheiligt werde dein Name.
Dein Reich komme.
Dein Wille geschehe, wie im Himmel so auf Erden.
Unser tägliches Brot gib uns heute.
Und vergib uns unsere Schuld,
    wie auch wir vergeben unsern Schuldigern.
Und führe uns nicht in Versuchung,
    sondern erlöse uns von dem Bösen.
Denn dein ist das Reich und die Kraft
    und die Herrlichkeit in Ewigkeit.

Amen.

1

Zum Anfang – beginnen

Gott, du Quelle unserer Kraft,

locke uns bis an die Grenzen unserer Möglichkeiten,
dass du Gestalt gewinnst in dieser Welt.
Dazu hilf uns, durch Christus Jesus.

Hanne Köhler

Gott, du hast uns

grosse Verantwortung übertragen:
Nämlich für uns zu sorgen;
uns der Menschen
in unserer Umgebung anzunehmen
und uns um die Welt zu kümmern.
Das ist zu viel und zu gross für uns.
Damit wir es wenigstens
in unserem Lebensraum tun können,
bitten wir:
Gib uns deinen Geist.
Gott, du traust uns viel zu.
Du hast uns Freiheit gegeben,
nach deinem Willen zu leben.
Du entmündigst uns nicht.
In eigener Verantwortung zu leben,
ist ganz schön schwer.
Damit wir dein Vertrauen nicht enttäuschen,
bitten wir:
Gib uns deinen Geist.
Gott, Verantwortung soll uns nicht erdrücken.
Du willst uns nicht überfordern.
Deshalb hast du versprochen, uns nahe zu sein.
Damit wir das nicht vergessen, bitten wir:
Gib uns deinen Geist.

Gott, wir wollen selbstverantwortlich
    und unabhängig sein.
Aber wenn du uns in die Verantwortung nimmst,
wollen wir am liebsten nichts mehr davon wissen.
So sind wir, Gott.

Hans-Georg Nagel

Gott, du Ursprung allen Lebens,

lass uns aussprechen,
was wichtig ist,
hilf uns, falsche Scham
zu überwinden und
lass uns offen sein für deine Möglichkeiten.
Durch Jesus Christus.

Heidi Rosenstoch

Wer bin ich?

Wo stehe ich?
Worin habe ich versagt?
Auf solche Fragen suchen wir Antwort.
Wir werden sie nicht finden ohne dich, Gott,
ohne dein richtendes und rettendes Wort.
Darum bitten wir dich:
Komm und sprich zu uns.
Hilf uns die Wahrheit erkennen und annehmen,
die Wahrheit unserer Schuld
und die Wahrheit deiner Gnade.
Wir bitten dich im Vertrauen auf Jesus Christus.

Martin Luther

Herr, unser Gott! Du weisst,

wer wir sind: Menschen mit gutem und Menschen mit schlechtem Gewissen – zufriedene und unzufriedene, sichere und unsichere Leute – Christen aus Überzeugung und Gewohnheitschristen – Gläubige und Halbgläubige und Ungläubige.

Und du weisst, wo wir herkommen: aus dem Kreis von Verwandten, Bekannten und Freunden oder aus grosser Einsamkeit – aus ruhigem Wohlstand oder aus allerhand Verlegenheit und Bedrängnis – aus geordneten oder aus gespannten oder zerstörten Familienverhältnissen – aus dem engeren Kreis oder vom Rande der christlichen Gemeinde.

Nun aber stehen wir alle vor dir: in aller Ungleichheit darin gleich: dass wir alle vor dir und auch untereinander im Unrecht sind – dass wir alle einmal sterben müssen – dass wir alle ohne deine Gnade verloren wären – aber auch darin, dass deine Gnade uns allen verheissen und zugewendet ist in deinem lieben Sohn, unserem Herrn Jesus Christus.

Karl Barth

18

Herr Gott, himmlischer Vater!

Du kennst uns.
Du kennst uns besser als wir uns selber.
Lass Dir wohlgefallen, was recht an uns ist
und was Gutes durch uns geschieht.
Und was böse an uns ist und verderblich,
das vertilge durch Deine Liebe.

Herr Jesus Christus!
Du bist der Weg in das Haus des Vaters.
Lass uns bei Dir bleiben und so zum Ziele kommen.

Gott, Heiliger Geist!
Du erschliesst uns das Wort,
    von dessen Wahrheit wir leben.
Komm auch jetzt zu uns
    und öffne zugleich unsere Herzen.
Sammle die Zerstreuten, lockere die Verkrampften,
    ermuntere die Trägen.
Erneuere unseren Sinn und unsere Sprache so,
    dass wir es wagen können,
vor unseren himmlischen Vater zu bringen,
    was einen jeden besonders bewegt.

Eberhard Jüngel

2

Loben und danken

Ich danke dir,

    mein himmlischer Vater,
durch Jesus Christus, deinen lieben Sohn,
dass du mich diesen Tag gnädig behütet hast,
und bitte dich,
    du wollest mir vergeben alle meine Sünde,
wo ich Unrecht getan habe,
und mich gnädig behüten;
denn ich befehle mich,
meinen Leib und meine Seele
    und alles in deine Hände.
Dein heiliger Engel sei mit mir, dass der böse Feind
keine Macht über mich gewinne.

Martin Luther

Gott, wir danken dir,

dass du dir aus dem ganzen Menschengeschlecht
deine Gemeinde erwählst;
wir danken dir für die weltweite Christenheit
und die Vielfalt der Kirchen.

Wir bitten dich für uns alle:
Lass uns die Vorbehalte erkennen, die uns trennen,
und die Liebe, die uns vereint;
lass uns langsam sein, Kritik aneinander zu üben,
und schnell, einander wertzuschätzen;
lass uns langsam sein, uns selbst zu rechtfertigen,
und schnell, einander zu vergeben.
Wenn wir einander missverstehen,
lass uns aufeinander hören
und unter der Leitung deines Heiligen Geistes
die Wahrheit finden.
Wenn wir versucht sind, einander zu verraten,
lass uns widerstehen,
und befreie uns von jedem Wunsch und jeder Tat,
die den anderen zerstört
und damit uns selbst verstümmelt.

Wenn wir fallen,
lass uns nicht in Selbstmitleid schwelgen,
sondern halte uns fest in unserem Schmerz,
damit wir unser Versagen annehmen
und weitergeben können.

Lass uns in Trauer die Arme umeinander legen;
lass uns in Freude zusammen singen und lachen;
lass uns im Leben fröhlich miteinander sein;
lass uns im Tod unsere Hoffnung miteinander teilen
durch Jesus Christus, das Leben der Welt.

Edward Scott

Du treuer, barmherziger Gott,

wir danken dir, dass du bis heute
    deine Kirche erhalten hast,
trotz ihrer Verfehlungen und ihrer Schuld.
Noch immer lässt du Menschen
    dein Lebenswort hören,
deinen Trost erfahren
und in deiner Weisung Orientierung finden.

Wir bitten dich:
Mache uns bereit und fähig weiterzugeben,
was wir von dir empfangen haben.
Hilf uns, auch die anzusprechen,
die sich weit von dir entfernt haben.

Hilf uns wahrzunehmen,
was Menschen am kirchlichen Leben abstösst,
und mache uns empfindsam für das,
was sie suchen.

Bewahre uns vor selbstgerechtem Urteil,
aber gib uns auch die Kraft zur Klarheit,
wo sie gefordert ist.

Lass uns Wege finden,
jungen Menschen dein Wort
als Hilfe zum Leben auszulegen.

Führe uns zu denen,
die auf geistliche Stärkung warten,
es aber so nicht ausdrücken können.
Lass unsere Gemeinde einen Ort sein,
an dem sich die Buntheit deiner Gnade spiegelt,
wo unterschiedlichste Menschen
	sich zu Hause fühlen
und sich und ihre Gaben einbringen.

Sylvia Bukowski

Lobe den HERRN, meine Seele,

und alles, was in mir ist, seinen heiligen Namen.
Lobe den HERRN, meine Seele,
und vergiss nicht, was er dir Gutes getan hat.
Der all deine Schuld vergibt
und all deine Krankheiten heilt,
der dein Leben aus der Grube erlöst,
der dich krönt mit Gnade und Erbarmen,
der dich mit Gutem sättigt dein Leben lang.
Dem Adler gleich erneuert sich deine Jugend.
Taten der Gerechtigkeit vollbringt der HERR
und Recht für alle Unterdrückten.

Psalm 103,1– 6

Ein Lied. Ein Psalm Davids.

Fest ist mein Herz, Gott,
fest ist mein Herz!
Ich will singen und spielen.
Wach auf, meine Ehre!
Wach auf, Leier und Harfe!
Ich will das Morgenrot wecken!
Unter den Völkern will ich dir danken, Herr,
dir spielen vor den Nationen.
Denn gross ist deine Huld bis zum Himmel,
deine Treue bis zu den Wolken!
Schwinge dich über die Himmel, Gott,
über alles Erdreich deine Herrlichkeit!

Psalm 108,1 6
(in einer Übertragung von Kurt Marti)

3

Streiten und versöhnen,
versagen und vergeben

Viele finden keinen Schlaf.

Bevor ich schlafe,
bitte ich dich für sie,
du Gott des Tages und der Nacht.
Wo der Tag im Streit zu Ende ging,
schaffe Frieden.
Wo der Schmerz den Schlaf vertreibt,
schenk Ruhe.
Wo der Mut geknickt ist,
richte wieder auf.
Wo Sorgen das Gemüt verdüstern;
lass leuchten dein Angesicht.

Liturgiekommission 1998

Allmächtiger Gott,

in dir ist Gelassenheit, Frieden und Eintracht.
Wir bitten dich,
überwinde du die Schranken,
die deine Kinder voneinander trennen,
und befähige sie,
die Eintracht des Geistes
durch das Band des Friedens zu bewahren.
In allen Unterschieden der Erkenntnis
und des Glaubens
und in aller Verschiedenheit unseres Denkens
lass uns eins werden in geschwisterlicher Liebe
und in Hingabe an deinen heiligen Willen.
Befreie uns von aller Blindheit
und von allem Vorurteil,
von allem Aufruhr und von bösen Worten,
damit wir durch die Nächstenliebe
in unserem ganzen Wesen, Denken und Leben
die Macht und Herrlichkeit des Glaubens,
den wir bekennen,
zum Vorschein bringen,
zur Ehre deines heiligen Namens,
durch Jesus Christus, unseren Herrn.

Ökumenischer Rat der Kirchen 1948

34

Ich bitte dich, Gott,

um die Kraft des Zorns,
um den Mut zur Auseinandersetzung,
um den aufrechten, ehrlichen Weg.
Treibe das falsche Lachen aus meinem Gesicht,
die furchtsame Sanftmut aus meinen Worten,
die Angst vor dem Streit aus meinem Herzen.
Zerreisse das Netz der Zaghaftigkeit.
Mach mich frei zu sein, der/die ich bin.

Ulrike Wagner-Rau

Herr,

mach mich zu einem Werkzeug deines Friedens,
dass ich Liebe übe, wo man sich hasst,
dass ich verzeihe, wo man sich beleidigt,
dass ich verbinde, wo Streit ist,
dass ich die Wahrheit sage, wo Irrtum herrscht,
dass ich den Glauben bringe, wo Zweifel drückt,
dass ich Hoffnung wecke, wo Verzweiflung quält,
dass ich ein Licht anzünde, wo Finsternis regiert,
dass ich Freude mache, wo der Kummer wohnt.

Herr, lass mich trachten:
nicht, dass ich getröstet werde,
sondern dass ich andere tröste;
nicht, dass ich verstanden werde,
sondern dass ich andere verstehe;
nicht, dass ich geliebt werde,
sondern dass ich andere liebe.

Denn wer sich hingibt, der empfängt;
wer sich selbst vergisst, der findet;
wer verzeiht, dem wird verziehen;
und wer stirbt, erwacht zum ewigen Leben.

Aus der franziskanischen Tradition

4

Wenn es schwierig wird

Gott, was soll ich dir sagen?

Soll ich alle meine Worte zusammensuchen
und dich Gott meines Lebens nennen?
Oder soll ich dir sagen, dass ich sündig bin?
Das weisst du besser als ich.
Du weisst, wie mürrisch
    meine Gebete an manchen Tagen sind.
Meine Arbeit ist schlecht und recht getan,
und selbst das Beste an mir
    ist nicht eindeutig und klar.
Und doch lebe ich auf dieser Erde
und trage die Sehnsucht nach dem Himmel in mir.
Und wie sollte ich mich aushalten können,
wenn nicht in der Erfahrung,
dass du mir trotzdem gut bist?
Erbarm dich meiner,
Gott, du bist langmütig und liebevoll.
Gib meinem dürren Herzen deinen Geist,
damit er es wandle.
Wenn es nur wach wird!
Wenn nur dieses enge und empfindliche Herz
in deine Grossmut und in deine Weite hineinwächst!
Wandle meine Finsternis in Licht
und meine Ohnmacht in Kraft,
dann will ich dich preisen.

Richard Hilge

Gott, du Stütze, wenn alles wankt!

Stärke unser Rückgrat,
dass wir mutig und stark werden,
dass wir selbstbestimmt und verantwortlich handeln.
Dazu hilf uns durch Jesus Christus.

Hanne Köhler

Ein unansehnliches Volk,

die Kirche:
uneins, in sich zerstritten,
altersschwach und unbeweglich geworden,
ohne Hoffnung und Überzeugungskraft.
So scheint es.
Gott, du hast uns Zukunft versprochen.
Willst du dein Versprechen nicht einlösen?
Hat dich unser Misstrauen, unsere Trägheit,
unser Versagen müde gemacht?
Wir wissen, das kann nicht sein.
Du hast dein Volk bisher geführt –
auf den Höhen und durch die Abgründe seiner
      Geschichte.
Du hast die Kirche vor ihren Feinden beschützt
und ihre Schwächen geheilt – immer von neuem.
Erweise nun auch an uns deine Macht.
Lass deinen Geist wirksam werden
      in deiner Gemeinde.
Wecke die Eingeschlafenen,
      versöhne die Streitenden.
Füge zusammen, was auseinandergebrochen ist.
Die neuen Möglichkeiten, die auf uns warten,
hilf uns erkennen und nutzen.
Es geht um unser Heil, Gott.
Es geht auch um deine Ehre.

Christian Zippert

Allmächtiger Gott,

wir sind nicht nur aus der babylonischen Gefangenschaft erlöst worden, sondern aus der Hölle selbst aufgestiegen, als du uns, die wir Kinder des Zornes waren, zu deinen Kindern gemacht hast. In deiner unermesslichen Güte hast du uns, obschon wir fern von dir standen, die Türe zu deinem Reich geöffnet, so dass wir jetzt schon in deinem Sohne Erben sind. Darum gib, dass wir stets vor dir wandeln und uns dir und deinem Christus ganz unterwerfen und nicht fälschlich sagen, wir seien seine Glieder, sondern uns wirklich als sein Leib erweisen. Gib, dass wir uns von seinem Geiste lenken lassen, bis du uns endlich versammelst in deinem himmlischen Reiche, wohin du uns täglich einlädst durch Christus, unsern Herrn.

Johannes Calvin

Warum zwingst du mich, Herr

zu dieser Durchquerung der Wüste?
Ich plage mich
inmitten der Dornen.
Es bedarf nur
eines Zeichens von dir,
damit sich die Wüste verwandelt,
damit der blonde Sand
und der Horizont
und der grosse stille Wind
nicht mehr nur eine
unzusammenhängende Summe,
sondern ein weites Reich bilden,
an dem ich mich begeistere,
und durch das hindurch
ich dich erkenne.

Antoine de Saint-Exupéry

Von guten Mächten

     treu und still umgeben,
behütet und getröstet wunderbar, –
so will ich diese Tage mit euch leben
und mit euch gehen in ein neues Jahr;

noch will das alte unsre Herzen quälen,
noch drückt uns böser Tage schwere Last.
Ach Herr, gib unsern aufgeschreckten Seelen
das Heil, für das du uns geschaffen hast.

Und reichst du uns den schweren Kelch, den bittern,
des Leids, gefüllt bis an den höchsten Rand,
so nehmen wir ihn dankbar ohne Zittern
aus deiner guten und geliebten Hand.

Doch willst du uns noch einmal Freude schenken
an dieser Welt und ihrer Sonne Glanz,
dann woll'n wir des Vergangenen gedenken,
und dann gehört dir unser Leben ganz.

Lass warm und hell die Kerzen heute flammen,
die du in unsre Dunkelheit gebracht,
führ, wenn es sein kann, wieder uns zusammen!
Wir wissen es, dein Licht scheint in der Nacht.

Wenn sich die Stille nun tief um uns breitet,
so lass uns hören jenen vollen Klang
der Welt, die unsichtbar sich um uns weitet,
all deiner Kinder hohen Lobgesang.

Von guten Mächten wunderbar geborgen
erwarten wir getrost, was kommen mag.
Gott ist bei uns am Abend und am Morgen
und ganz gewiss an jedem neuen Tag.

Dietrich Bonhoeffer

Barmherziger Gott!

Unserer Klagen sind viele,
endlos ist die Litanei der
unerfüllten Wünsche,
Träume und Hoffnungen.

Wir klagen über die Hetze des Alltags
und danken nicht für jeden Atemzug
und Herzschlag, die uns erhalten.

Wir klagen über Regen am Wochenende
und danken nicht für das Gedeihen der Erde
und das Sprudeln der Quellen.

Wir klagen über zunichte gemachte Pläne
und sehen nicht die vielen Erfolge,
die du uns bereits geschenkt hast.

Wir klagen über unfreundliche Nachbarn
und sehen nicht die zahllosen Aufmerksamkeiten,
die Menschen uns schon erwiesen haben.

Wir klagen über den Fanatismus einiger weniger
und vergessen das Engagement der vielen
für Frieden und gute Nachbarschaft der Religionen.

Wir klagen über Gewalt und Krieg in der Welt
und vergessen, wie nötig die Gesten der Versöhnung
in unserer eigenen Familie wären.

Barmherziger Gott,
lass uns sehend werden für alle Dinge,
für das Nahe und das Ferne
das Grosse und das Kleine,
für das, was uns versagt geblieben ist,
und das, was sich erfüllt hat.
Lass unsere Klagen zum Dank werden
für deine Güte, die uns umhüllt.

Martin Bauschke

NEWS

5

Um Bewahrung, Weisheit
und Segen bitten

Gott, unsere Erde

ist nur ein kleines Gestirn im grossen Weltall. An uns
liegt es, daraus einen Planeten zu machen, dessen
Geschöpfe nicht von Kriegen gepeinigt werden, nicht
von Hunger und Furcht gequält, nicht zerrissen in
sinnloser Trennung nach Rasse, Hautfarbe oder Welt-
anschauung. Gib uns den Mut und die Voraussicht,
schon heute mit diesem Werk zu beginnen, damit
unsere Kinder und Kindeskinder einst mit Stolz den
Namen Mensch tragen.

Gebet der Vereinten Nationen

Herr, nun selbst den Wagen halt!

bald abseits
geht sonst die Fahrt;
das brächt Freud
dem Widerpart,
der dich
veracht so freventlich.

Gott, erhöh deins Namens Ehr!
Wehr und straf
der Bösen Grimm;
weck die Schaf
mit deiner Stimm,
die dich
lieb haben inniglich.

Hilf, dass alle Bitterkeit
scheid, o Herr,
und alte Treu
wiederkehr
und werde neu,
dass wir
ewig lobsingen dir.

Huldrych Zwingli

Sende dein Licht

und deine Wahrheit,
sie sollen mich leiten,
mich bringen zu deinem heiligen Berg
und zu deinen Wohnungen.

Psalm 43,3

Ach bleib mit deiner Gnade

bei uns, Herr Jesu Christ,
dass uns hinfort nicht schade
des bösen Feindes List.

Ach bleib mit deinem Worte
bei uns, Erlöser wert,
dass uns sei hier und dorte
dein Güt und Heil beschert.

Ach bleib mit deinem Glanze
bei uns, du wertes Licht;
dein Wahrheit uns umschanze,
damit wir irren nicht.

Ach bleib mit deinem Segen
bei uns, du reicher Herr;
dein Gnad und alls Vermögen
in uns reichlich vermehr.

Ach bleib mit deinem Schutze
bei uns, du starker Held,
dass uns der Feind nicht trutze
noch fäll die böse Welt.

Ach bleib mit deiner Treue
bei uns, mein Herr und Gott;
Beständigkeit verleihe,
hilf uns aus aller Not.

Josua Stegmann

Bewahre uns, Gott,

behüte uns, Gott,
sei mit uns auf unsern Wegen.
Sei Quelle und Brot in Wüstennot, sei
um uns mit deinem Segen.

Bewahre uns, Gott, behüte uns, Gott,
sei mit uns in allem Leiden.
Voll Wärme und Licht im Angesicht,
sei nahe in schweren Zeiten.

Bewahre uns, Gott, behüte uns, Gott,
sei mit uns vor allem Bösen.
Sei Wille und Kraft, die Frieden schafft,
sei in uns, uns zu erlösen.

Bewahre uns, Gott, behüte uns, Gott,
sei mit uns durch deinen Segen.
Dein Heiliger Geist, der Leben verheisst,
sei um uns auf unsern Wegen.

Eugen Eckert

Ich lasse dich nicht,

es sei denn,
du segnest mich.

Genesis 32,27

6

Für andere einstehen

Lehre uns,

Minderheit zu werden, Gott,
in einem Land, das zu reich ist,
zu fremdenfeindlich und zu militärfromm.
Pass uns an deine Gerechtigkeit an,
nicht an die Mehrheit.
Bewahre uns vor der Harmoniesucht
und den Verbeugungen vor den grossen Zahlen.
Sieh doch, wie hungrig wir sind
nach deiner Klärung.
Gib uns Lehrerinnen und Lehrer,
nicht nur Showmaster mit Einschaltquoten.
Sie doch, wie durstig wir sind
nach deiner Orientierung,
wie sehr wir wissen wollen, was zählt.
Verschwistere uns mit denen, die keine Lobby haben,
die ohne Arbeit sind und ohne jede Hoffnung,
die zu alt sind, um noch verwertet zu werden,
oder zu ungeschickt und zu nutzlos.
Weisheit Gottes, zeig uns das Glück derer,
die Lust haben an deinem Gesetz
und über deine Weisung murmeln tags und nachts.
Sie sind wie ein Baum,
gepflanzt an frischem Wasser,
der Frucht bringt zu seiner Zeit.

Dorothee Sölle

Herr, unser Gott! Du hast uns

verheissen und angewiesen, dass wir fröhlich sein dürfen in unserer Arbeit, weil du alles wohl gemacht hast, weil du uns alle unsere Sünden vergibst, weil du uns an dem Tage aller Tage krönen willst mit Gnade und Barmherzigkeit. So lass uns leben von diesem deinem Wort! Wir haben keinen anderen Trost. Dein Wort aber ist unser ewiger Trost. Lehre du uns, dass wir uns immer mehr an ihm allein genügen lassen!

Wir bitten dich, dass du bei deiner Kirche bleiben wollest, hier und an allen Orten. Wir bitten dich insbesondere für die Kirche, die in der Versuchung, in der Verfolgung und in der Unterdrückung steht, und für dein bedrängtes Volk Israel in aller Welt.

Wir bitten dich für die Obrigkeit unseres Landes und dieser Stadt und für alle Obrigkeiten in der Welt, dass du ihnen kluge, geduldige und tapfere Gedanken gebest, damit Recht und Friede, Freiheit und Treue wiederkehren möchten.

Wir bitten dich für alle, die es schwer haben im
Kampfe ums tägliche Brot. Wir bitten dich für unsere
Jugend, für alle Kranken und Sterbenden, für alle
Verirrten und Gefangenen, für alle Besorgten und
Traurigen.
Nimm dein Volk in Gnaden an, hilf uns, segne, Herr,
dein Erbe!

Wir danken dir, dass wir mit dem allem vor dich tre-
ten und dessen gewiss sein dürfen, dass du uns schon
erhört hast.

Karl Barth

Wir besinnen uns

auf unsere Verantwortung
für Menschen, die um uns sind.
Wir denken an die Menschen,
die mit sich und ihrem Leben nicht zufrieden sind,
an die Enttäuschten und Verbitterten,
an unglückliche Ehepaare und zerstrittene Familien,
an alle, die nicht das nötige Verständnis
für ihre Umwelt aufbringen.
Wir erbitten ihnen neue Zuversicht
und die Bereitschaft
zur Versöhnung.

Wir denken an die Menschen in unserer Mitte,
an die Kranken und Pflegebedürftigen,
an alle, die nichts mehr leisten können,
an die Erfolglosen und Gescheiterten.
Wir ermessen, wie leicht sie sich überflüssig fühlen,
wie sehr sie auf Worte und Zeichen
bleibender Anerkennung warten.

Wir denken an die jungen Menschen unter uns,
an die Gesunden und Leistungsfähigen,
an alle, die sich am Fortschritt freuen,
an die Ehrgeizigen,
die sich auf Kosten anderer durchsetzen.
Wir versuchen uns freizuhalten von Neid,
aber auch von der Furcht vor Auseinandersetzungen,

vor dem gebotenen Widerstand gegen Unsinn und
Rücksichtslosigkeit.

Wir denken an die Männer und Frauen,
die in besonderer Weise
    für andere Menschen verantwortlich sind
als Erzieherinnen und Lehrer,
    als Beraterinnen und Helfer,
als Vorgesetzte und Regierende,
    als Richtende und Verurteilende.
Wir erkennen ihre Belastung und die Gefahren,
denen sie ausgesetzt sind.

Wir verbinden uns mit allen Christinnen
    und Christen auf Erden.
Wir verbinden uns mit allen Menschen in der Welt,
die nach Wahrheit verlangen
    und für Gerechtigkeit eintreten,
auch wenn es ihnen selbst Nachteile einbringt.
Wir erbitten ihnen und uns Gottes Erbarmen.
Wir berufen uns auf Jesus, der gesagt hat:
«Bittet, dann wird euch gegeben,
sucht, dann werdet ihr finden,
klopft an, dann wird euch aufgetan.»

Christian Zippert

Mir geht es gut in diesem Lande,

doch meine Ohnmacht angesichts der Not beunruhigt mich. Ungerechte Strukturen ändern sich nur langsam. Herr, ich bitte dich für Frauen und Männer, die für die Gerechtigkeit kämpfen, für jene, die dabei ihr Leben einsetzen. Lass sie spüren, dass ich mit ihnen verbunden bin. Lass mich dazu beitragen, Menschen dem Elend zu entreissen und den Armen zu ihrem Recht zu verhelfen. Lass ihre Stimme vernehmbar werden durch mich. Ermögliche ihnen, ihr Land menschenwürdig zu bewohnen. Herr, so hilf uns, dass wir unter deinem Angesicht endlich Menschen sind für Menschen. Für Zeichen der Hoffnung danke ich dir.

Regine Hildebrandt

7

Zu Tisch sitzen

Grosser Gott

Vater, der uns liebt
Mutter, die uns hält

Wir danken Dir
für jedes Senfkorn in unserer Hand
für jede noch so kleine Tat, die wir tun
für jedes kleine Wort, das wir hören
für jedes Stück Hoffnung, das sich zeigt
für jeden Augenblick,
     in dem Deine Ewigkeit aufleuchtet

Wir bitten Dich
um Brot und feste Speise
um Wasser und um alle Lust beim Essen.
Segne die Schöpfung,
von der wir leben!

Anton Rotzetter

Lieber himmlischer Vater!

Du gibst uns täglich unser Brot.
Dafür danken wir Dir, indem wir nicht aufhören,
Dich zu bitten: gib uns und allen Deinen
Menschenkindern jeden Morgen neu,
was unser Leib zum Leben braucht.

Herr Jesus Christus!
Du bist das Brot des Lebens, vom Himmel gekommen.
Wir preisen Dich, weil Du Dich für unseren
Lebenshunger dahingegeben hast.
Wir preisen Dich, indem wir Dich bitten:
ernähre unsere Seele und stärke sie mit Deinem
heiligen Geist!

Gott, Heiliger Geist!
Komm Du zu uns und erfülle uns
mit Freude und Lust am Leben!
Lass die weltlich und geistlich Lebenssatten
wieder hungrig werden.
Und die allzu Begierigen erfülle
mit dem rechten Augenmass:
dass wir sehen, wo wir zu geben haben, statt zu
nehmen; aber auch, wo wir ungeniert nehmen und
bitten, ja betteln dürfen.
Unser tägliches Brot gib uns heute. Amen

Eberhard Jüngel

Wir freuen uns, Gott,

über den grossen Reichtum unseres Lebens:
über die Nahrung, die uns stärkt,
über die Luft, die wir atmen, über Wärme und Licht,
über Gemeinschaft und Liebe.
Du teilst uns Gutes aus, du teilst dich uns mit.
Wir staunen darüber,
danken und singen wie viele Menschen vor uns.

Evangelische Kirche von Kurhessen-Waldeck

8

Zum Ende – abschliessen

Gott, mein Tag ist zu Ende.

Ich möchte zur Ruhe kommen und Schlaf finden.

So viel ist noch in mir wach

und lässt sich nicht beruhigen.

So viel ist nicht fertig geworden

und muss liegen bleiben.

Hilf mir, dass ich loslasse, was mich beschäftigt,

dass versinkt, was mich bedrückt,

und dass ich Ruhe finde in dir.

Evangelische Kirche in Deutschland

Bleibe bei uns,

denn es will Abend werden,
und der Tag hat sich schon geneigt.

Lukas 24,29

Gott, Vater,

Sohn und heiliger Geist!
Nun lass uns nicht auseinandergehen, ohne dass dein
gütiges und strenges Wort uns begleite: einen jeden
an seinen Ort – hinein in seine besonderen Erfah-
rungen, Anliegen, Sorgen und Erwartungen. Sei und
bleibe du gegenwärtig und wirksam in diesem Hause,
bei allen, die hier wohnen! Wehre du allen bösen
Geistern, die uns oft zu stark sind! Erhalte du uns das
Licht, das uns so oft wieder verlöschen will!

Und wir danken dir, dass wir das alles vor dir aus-
breiten dürfen: vor dir, der du ja viel besser weisst
als wir, was wir brauchen und was deiner schwachen
Kirche und der armen verwirrten Welt zum Besten
dient – vor dir, der du helfen kannst und willst, weit
hinaus über unser Bitten und Verstehen.

Wir sind in deiner Hand. Wir beugen uns unter dein
Gericht und wir rühmen deine Gnade.

Karl Barth

Der Mond ist aufgegangen,

die goldnen Sternlein prangen
am Himmel hell und klar.
Der Wald steht schwarz und schweiget,
und aus den Wiesen steiget
der weisse Nebel wunderbar.

Wir stolzen Menschenkinder
sind eitel arme Sünder
und wissen gar nicht viel.
Wir spinnen Luftgespinste
und suchen viele Künste
und kommen weiter von dem Ziel.

Gott, lass uns dein Heil schauen,
auf nichts Vergänglichs trauen,
nicht Eitelkeit uns freun;
lass uns einfältig werden
und vor dir hier auf Erden
wie Kinder fromm und fröhlich sein.

So legt euch denn, ihr Brüder,
in Gottes Namen nieder;
kalt ist der Abendhauch.
Verschon uns, Gott, mit Strafen
und lass uns ruhig schlafen
und unsern kranken Nachbarn auch.

Matthias Claudius

Bleibe bei uns, Herr;

denn es will Abend werden,
und der Tag hat sich geneigt.
Bleibe bei uns, bei deiner Kirche,
bei deiner Schöpfung.
Bleibe bei uns am Abend des Tages,
am Abend des Lebens, am Abend der Welt.
Bleibe bei uns mit deiner Gnade und Güte,
mit deinem Wort
    und den Zeichen deiner Gegenwart,
mit deinem Trost und Segen.
Bleibe bei uns, wenn über uns kommt
die Nacht der Traurigkeit und der Angst,
die Nacht des Zweifels und der Anfechtung,
die Nacht des bitteren Todes.
Bleibe bei uns und bei allen, die sich dir anvertrauen
in Zeit und Ewigkeit.

nach Georg Christian Dieffenbach

Herr, mein Gott, ich danke Dir,

dass Du
diesen Tag zu Ende gebracht hast;
ich danke Dir, dass Du Leib und Seele zur
Ruhe kommen lässt.
Deine Hand war über mir und hat mich
behütet und bewahrt.
Vergib allen Kleinglauben
und alles Unrecht dieses Tages
und hilf, dass ich allen vergebe,
die mir Unrecht getan haben.

Lass mich in Frieden unter Deinem Schutz schlafen
und bewahre mich vor den Anfechtungen
der Finsternis.

Ich befehle Dir die Meinen,
ich befehle Dir dieses Haus,
ich befehle Dir meinen Leib und meine Seele.
Gott, Dein heiliger Name sei gelobt.

Dietrich Bonhoeffer

Quellen

1   Zum Anfang – beginnen

Seite 13: Hanna Köhler: Gott, du Quelle unserer Kraft, …
*in: Beratungsstelle für Gestaltung. Das Buch Ruth, Hefte 4, Frankfurt am Main 1994,
S. 78*

Seite 14f: Hans-Georg Nagel: Gott, du hast uns …
*zit. aus: Gottesdienstpraxis Serie A IV/2, hrsg. von E. Domay, Gütersloh 1994;
© Hans-Georg Nagel*

Seite 16: Heidi Rosenstock: Gott, du Ursprung allen Lebens, …
*in: Beratungsstelle für Gestaltung. Das Buch Ruth, Hefte 4, Frankfurt am Main 1994,
S. 84*

Seite 17: Martin Luther: Wer bin ich? …
*vgl. Gesangbuch der Evangelisch-reformierten Kirchen der deutschsprachigen Schweiz
Basel und Zürich 1998; ²2000; ³2006, Nr. 207*

Seite 18: Karl Barth: Herr, unser Gott! Du weisst, …
in: Karl Barth, Fünfzig Gebete, Zürich ⁷2005, S. 11; © TVZ Theologischer Verlag Zürich

Seite 19: Eberhard Jüngel: Herr Gott, himmlischer Vater! …
*zit. aus: Eberhard Jüngel, Unterbrechungen, Predigten IV, München: Chr. Kaiser Verlag
1989; © Eberhard Jüngel*

2   Loben und danken

Seite 23: Martin Luther: Ich danke dir, …
*vgl. Gesangbuch der Evangelisch-reformierten Kirchen der deutschsprachigen Schweiz
Basel und Zürich 1998; ²2000; ³2006, Nr. 589*

Seite 24f: Edward Scott: Gott, wir danken dir, …
*in: Mit Gottes Volk auf Erden. Ökumenischer Fürbittkalender, in Verbindung mit:
John Carden u.a., hrsg. von Hans Georg Link, Frankfurt/M. 1989, S. 202*

Seite 26f: Sylvia Bukowski: Du treuer, barmherziger Gott, …
in: Reformierte Liturgie: Gebete und Ordnungen für die unter dem Wort versammelte Gemeinde / im Auftrag des Moderamens des Reformierten Bundes erarbeitet und herausgegeben von Peter Bukowski, Arend Klompmaker, Christiane Nolting, Alfred Rauhaus, Friedrich Thiele — foedus-verlag, Wuppertal: 1999, S. 267

Seite 28: Lobe den HERRN, meine Seele, …
Psalm 103,1–6, Zürcher Bibel 2007; © 2007 Verlag der Zürcher Bibel beim Theologischen Verlag Zürich

Seite 29: Ein Lied. Ein Psalm Davids. …
in: Kurt Marti, Die Psalmen. Annäherungen, Stuttgart 1993, S. 14; © 2004 Radius Verlag, Alexanderstr. 162, 70180 Stuttgart

3 Streiten und versöhnen, versagen und vergeben

Seite 33: Viele finden keinen Schlaf. …
in: Gesangbuch der Evangelisch-reformierten Kirchen der deutschsprachigen Schweiz Basel und Zürich 1998; ²2000; ³2006, Nr. 617; © 1998 Liturgie- und Gesangbuchkonferenz der Evangelisch-reformierten Kirchen der deutschsprachigen Schweiz, Zürich

Seite 34: Allmächtiger Gott, …
Gebet aus einem Gottesdienst der 1. Vollversammlung des ÖRK in Amsterdam 1948, zit. aus: «Die ökumenische Reise». Ein Gottesdienst zum 50-jährigen Jubiläum des Ökumenischen Rates der Kirchen, 20. September 1998, hrsg. von: Evangelisches Missionswerk in Deutschland, Hamburg 1998, S. 11

Seite 35: Ulrike Wagner Rau: Ich bitte dich, Gott, …
in: Liturgische Konferenz, Neues Evangelisches Pastorale (2005, S. 130); © by Gütersloher Verlagshaus, Gütersloh, in der Verlagsgruppe Random House GmbH, München

Seite 36: Herr, …
Souvenir Normand, Frankreich 1913 (früher Franz von Assisi zugeschrieben); zit. nach Ev. Gesangbuch (Ausgabe Bayern / Thüringen), Nr. 720

4 Wenn es schwierig wird

Seite 41: Richard Hilge: Gott, was soll ich dir sagen? …
zit. aus: Gottesdienstpraxis Serie A III / 1, hrsg. von E. Domay, Gütersloh 1992; © Richard Hilge

Seite 42: Hanne Köhler: Gott, du Stütze, wenn alles wankt! …
in: Beratungsstelle für Gestaltung. Das Buch Ruth, Hefte 4, Frankfurt am Main 1994,
S. 78

Seite 43: Christian Zippert: Ein unansehnliches Volk, …
in: Christian Zippert (Hrsg.), Gottesdienstbuch; © by Gütersloher Verlagshaus, Gütersloh,
in der Verlagsgruppe Random House GmbH, München

Seite 44: Johannes Calvin: Allmächtiger Gott, …
zit. aus: Hans Scholl, Der Dienst des Gebetes nach Johannes Calvin, Zürich 1968, S. 273

Seite 45: Antoine de Saint-Exupéry: Warum zwingst du mich, Herr …
in: Antoine de Saint-Exupéry, Die Stadt in der Wüste; © 1956 und 2002 Karl Rauch
Verlag, Düsseldorf

Seite 46f: Dietrich Bonhoeffer: Von guten Mächten …
in: Dietrich Bonhoeffer, Widerstand und Ergebung; © by Gütersloher Verlagshaus,
Gütersloh, in der Verlagsgruppe Random House GmbH, München; vgl. Gesangbuch der
Evangelisch-reformierten Kirchen der deutschsprachigen Schweiz Basel und Zürich
1998; ²2000; ³2006, Nr. 353

Seite 48f: Martin Bauschke, Barmherziger Gott! …
in: Martin Bauschke, Gemeinsam vor Gott; © by Gütersloher Verlagshaus, Gütersloh,
in der Verlagsgruppe Random House GmbH, München

5   Um Bewahrung, Weisheit und Segen bitten

Seite 53: Gott, unsere Erde …
Gebet der Vereinten Nationen
zit. aus: Ökumenisches Gebetbuch der Schweizer Armee, 2007, S. 120

Seite 54: Huldrych Zwingli: Herr, nun selbst den Wagen halt! …
zit. aus: Samuel Lutz, Ergib dich ihm ganz, Huldrych Zwinglis Gebet als Ausdruck
seiner Frömmigkeit und Theologie, Zürich 1993; vgl. Gesangbuch der Evangelisch-
reformierten Kirchen der deutschsprachigen Schweiz Basel und Zürich 1998; ²2000;
³2006, Nr. 792

Seite 55: Sende dein Licht …
Psalm 43,3, Zürcher Bibel 2007; © 2007 Verlag der Zürcher Bibel beim Theolo-
gischen Verlag Zürich

Seite 56f: Josua Stegmann: Ach bleib mit deiner Gnade …
vgl. Gesangbuch der Evangelisch-reformierten Kirchen der deutschsprachigen Schweiz Basel und Zürich 1998; ²2000; ³2006, Nr. 342

Seite 58: Eugen Eckert: Bewahre uns, Gott, …
© Strube Verlag, München; vgl. Gesangbuch der Evangelisch-reformierten Kirchen der deutschsprachigen Schweiz Basel und Zürich 1998; ²2000; ³2006, Nr. 346

Seite 59: Ich lasse dich nicht, …
Genesis 32,27, Zürcher Bibel 2007; © 2007 Verlag der Zürcher Bibel beim Theologischen Verlag Zürich

6   Für andere einstehen

Seite 63: Dorothee Sölle: Lehre uns, …
in: Dorothee Sölle, Träume mich Gott; © Peter Hammer Verlag Wuppertal, 1994

Seite 64f: Karl Barth: Herr, unser Gott! Du hast uns …
in: Karl Barth, Fünfzig Gebete, Zürich ⁷2005, S. 49 (gekürzt: «… wiederkehren möchten […] Wir bitten dich …»); © TVZ Theologischer Verlag Zürich

Seite 66f: Anne Weinmann: Viele Menschen werden …
in: Klaus Vellguth (Hrsg.), Sehen, was wir nicht glauben können — Glauben, was wir nicht sehen können; © Bergmoser + Höller Verlag AG, Aachen, S.127f (gekürzt: «… zu bieten haben […] Gott, gib uns …»)

Seite 68f: Christian Zippert: Wir besinnen uns …
in: Christian Zippert (Hrsg.), Gottesdienstbuch; © by Gütersloher Verlagshaus, Gütersloh, in der Verlagsgruppe Random House GmbH, München (gekürzt: «… um uns sind. […] Wir denken an …»)

Seite 70: Regine Hildebrandt: Mir geht es gut in diesem Lande, …
Regine Hildebrandt: Endlich Menschen sein für Menschen. © Archiv Regine Hildebrandt

7   Zu Tisch sitzen

Seite 75: Anton Rotzetter, Grosser Gott …
in: Jeden Augenblick segnen, Segensworte für jeden Tag des Jahres; © Verlag am Eschbach der Schwabenverlag AG, Eschbach / Markgräflerland, 2. Auflage 2008

S. 76: Eberhard Jüngel: Lieber himmlischer Vater! …
zit. aus: Eberhard Jüngel, Unterbrechungen, Predigten IV, München: Chr. Kaiser Verlag 1989; © Eberhard Jüngel

S. 77: Wir freuen uns, Gott, …
in: Schicksale 94, Materialheft zur Fürbittenwoche 1994, hrsg. vom Landeskirchenamt der Evangelischen Kirche von Kurhessen-Waldeck, Kassel 1994

8 Zum Ende – abschliessen

Seite 81: Gott, mein Tag ist zu Ende. …
© Evangelische Kirche in Deutschland, Hannover; nach Stammausgabe EG – Nr. 856; vgl. Gesangbuch der Evangelisch-reformierten Kirchen der deutschsprachigen Schweiz Basel und Zürich 1998; ²2000; ³2006, Nr. 598

Seite 82: Bleibe bei uns, …
Lukas 24,29, Zürcher Bibel 2007; © 2007 Verlag der Zürcher Bibel beim Theologischen Verlag Zürich

Seite 83: Karl Barth: Gott, Vater, …
in: Karl Barth, Fünfzig Gebete, Zürich ⁷2005, S. 47f; © TVZ Theologischer Verlag Zürich

Seite 84f: Matthias Claudius: Der Mond ist aufgegangen, …
1779; vgl. Gesangbuch der Evangelisch-reformierten Kirchen der deutschsprachigen Schweiz Basel und Zürich 1998; ²2000; ³2006, Nr. 599

Seite 86: nach Georg Christian Dieffenbach: Bleibe bei uns, Herr; …
zit. nach: Liturgische Konferenz, Neues Evangelisches Pastorale; © by Gütersloher Verlagshaus, Gütersloh, in der Verlagsgruppe Random House GmbH, München

Seite 87: Dietrich Bonhoeffer: Herr, mein Gott, ich danke Dir, …
in: Dietrich Bonhoeffer, Widerstand und Ergebung; © by Gütersloher Verlagshaus, Gütersloh, in der Verlagsgruppe Random House GmbH, München

Seite 88: Huldrych Zwingli: Allmächtiger, …
zit. aus: Samuel Lutz, Ergib dich ihm ganz, Huldrych Zwinglis Gebet als Ausdruck seiner Frömmigkeit und Theologie, Zürich 1993, S. 228

Verlag und Redaktion waren bemüht, alle Abdruckrechte einzuholen; sie bitten, nicht erhebbar gewesene Rechte gegebenenfalls dem Verlag mitzuteilen.

Quellen